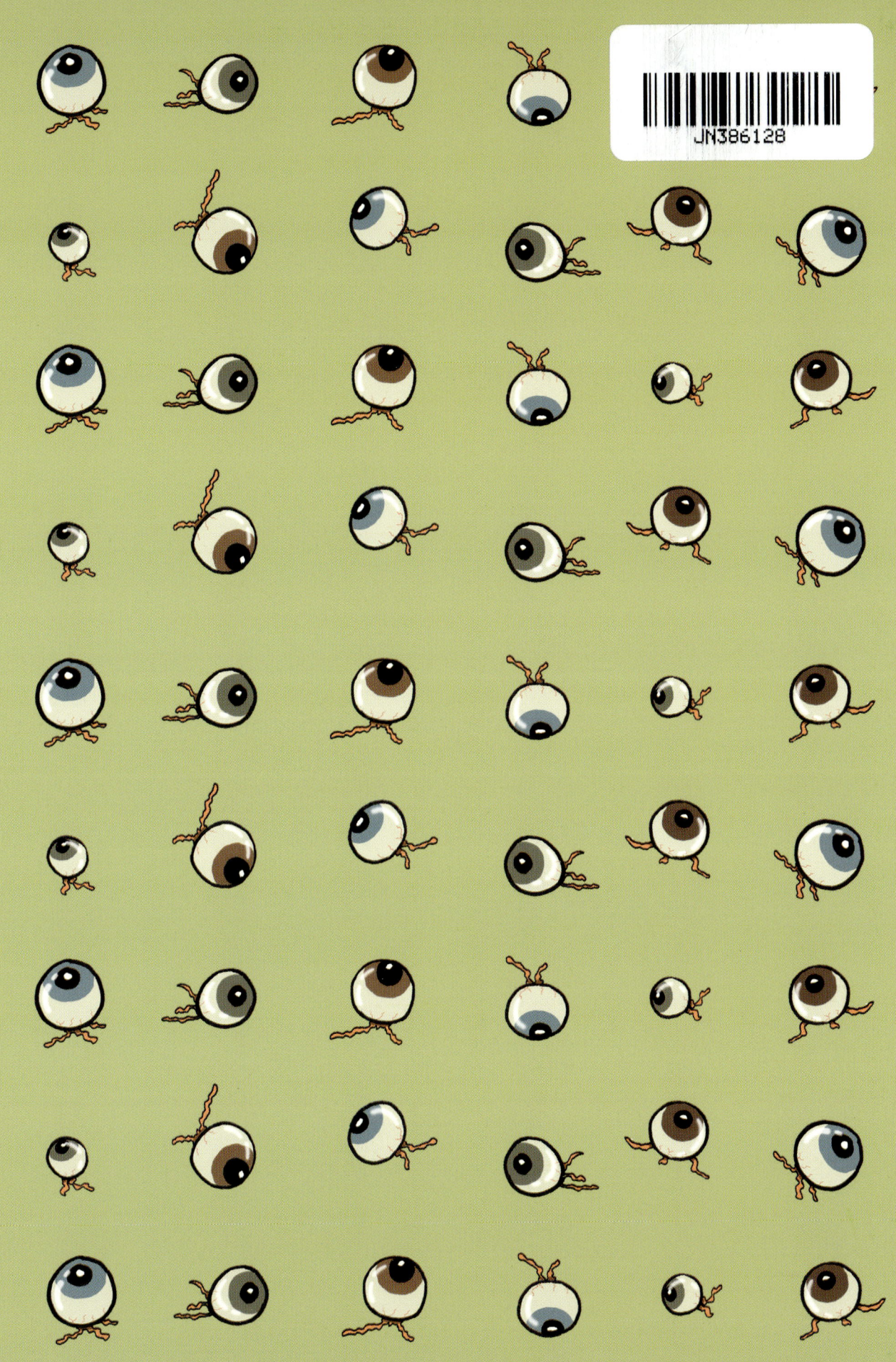

글 테레세 브링홀름(Thérèse Bringholm)
스웨덴과 덴마크의 방송국에서 프로듀서 겸 작가로 일하고 있다.
지금은 가족과 함께 스웨덴 스톡홀름에서 살고 있다.
잉에르 샤리스와 함께 "잎, 모래, 나뭇가지로 만든 집", "잘 자, 거꾸로 매달려서도,
물속에서도"를 썼다.

글 잉에르 샤리스(Inger Scharis)
스웨덴 린셰핑대학교에서 늑대에 관한 생물학 연구를 하고 있다.
지금은 스웨덴 훼르블라카에서 살고 있다.
테레세 브링홀름과 함께 "잎, 모래, 나뭇가지로 만든 집", "잘 자, 거꾸로 매달려서도,
물속에서도"를 썼다.

그림 레나 포쉬만(Lena Forsman)
잡지와 광고, 어린이책을 주로 작업하는 일러스트레이터이다.
두 아이와 함께 스웨덴 스톡홀름에서 살고 있다.

옮김 류효정(Ryu Hyo-Jeong)
고려대학교에서 영어영문학을 공부했다.
어린 시절에는 책 속 세계에 빠져 책 밖 세상에서는 모든 게 서툴고 어설프기만 했다.
어른이 되어 책 속 세계가 환상이었다는 걸 깨달았지만,
지금도 여전히 어린이책에서 삶의 지혜를 구한다.
요즘은 자연에서 친구와 뛰놀며 웃는 아이의 얼굴을 볼 때 가장 큰 힘이 난다.

초판 발행 2013년 2월 25일 | 개정판 1쇄 발행 2018년 10월 25일
글 테레세 브링홀름, 잉에르 샤리스 | 그림 레나 포쉬만 | 옮김 류효정
펴낸곳 계수나무 | 펴낸이 위수현 | 출판등록 2001.1.9 제10-2091호
주소 10881 경기도 파주시 회동길 483 (문발동 635-2)
전화 편집부(031)948-6288 영업부(031)948-8765, (070)4243-6504 | 팩스 (031)948-6621
홈페이지 www.gesunamu.co.kr | 이메일 gesunamu21@hanmail.net | 블로그 blog.naver.com/gesunamu21
페이스북 facebook.com/gesunamu | 인스타그램 instagram.com/gesunamu21

ISBN 979-11-87914-12-9 77850
한국어판 ⓒ 계수나무, 2013

FISKÖGON, SOPO R OCH ANNAT SMASKENS
Text ⓒ Thérèse Bringholm and Inger Scharis, 2009
Illustrations ⓒ Lena Forsman, 2009
First Published by Berghs Förlag, Sweden, 2009
Korean Translation arranged through Icarias Agency (Seoul)
Korean Translation ⓒ 2013 Gesunamu Publishing House

이 책의 한국어판 저작권은 Icarias Agency를 통해 Berghs Förlag과 독점 계약한 계수나무 출판사에 있습니다.
저작권법에 의하여 한국 내에서 보호를 받는 저작물이므로 무단전재와 복제를 금합니다.

「이 도서의 국립중앙도서관 출판예정도서목록(CIP)은 서지정보유통지원시스템 홈페이지(http://seoji.nl.go.kr)와
국가자료공동목록시스템(http://www.nl.go.kr/kolisnet)에서 이용하실 수 있습니다.(CIP제어번호: CIP2018029032)」

어린이제품안전특별법에 의한 제품 표시
제조자명 계수나무 제조 연월 2018년 10월 제조국 대한민국 사용 연령 6세 이상
주의 사항 종이에 베이거나 긁히지 않도록 조심하세요. 책 모서리가 날카로우니 던지거나 떨어뜨리지 마세요.

테레세 브링홀름 • 잉에르 샤리스 글 | 레나 포쉬만 그림 | 류효정 옮김

맛있다!

계수나무

오동통 살찌고, 송송송 털이 난 파리.
무슨 맛일까?

생각만 해도 토할 것 같다고?
그런 걸 누가 먹냐고?

모르는 소리! 파리는 두꺼비가 가장 좋아하는 음식이야.
통통한 파리를 먹을 수만 있다면 두꺼비는 몇 시간이고
꼼짝 않고 앉아서 기다릴 수 있대.
그러다 파리가 나타나면 끈끈한 긴 혀를 쑤욱 내밀어서…

…눈 깜짝할 사이에 삼켜 버리지.
날개부터 다리까지 통째로 한입에 꿀꺽!

그럼 땀은?
땀을 먹는 동물도 있을까?

물론! 아프리카에 사는 작은 벌은 땀을 좋아한대. 땀을 먹은 벌들이 모은 꿀은 땀 맛이 난다는군.

잠깐!
땀 꿀 한번 드셔 보실래요?

그럼 개미는?
개미는 누가 먹지?

가자!

느림보곰이 개미를 좋아한대.
커다란 곰이 조그만 개미를 어떻게 먹냐고?
느림보곰은 날카로운 앞발로 개미굴을 무너뜨려.
그런 다음 긴 주둥이를 쑤욱 내밀고는
두툼한 입술로 개미들을 쭈욱 빨아들이지.
진공청소기처럼 말이야.
어때, 너도 한번 해 볼래?

잠깐! 느림보곰은 열대우림에서 살고 있답니다.
느림보곰은 나무 위 높은 곳에 거꾸로 매달려 있는 것도 좋아한대요.

볼볼볼 떼를 지어 기어 다니는 진딧물.
진딧물은 누가 좋아할까?

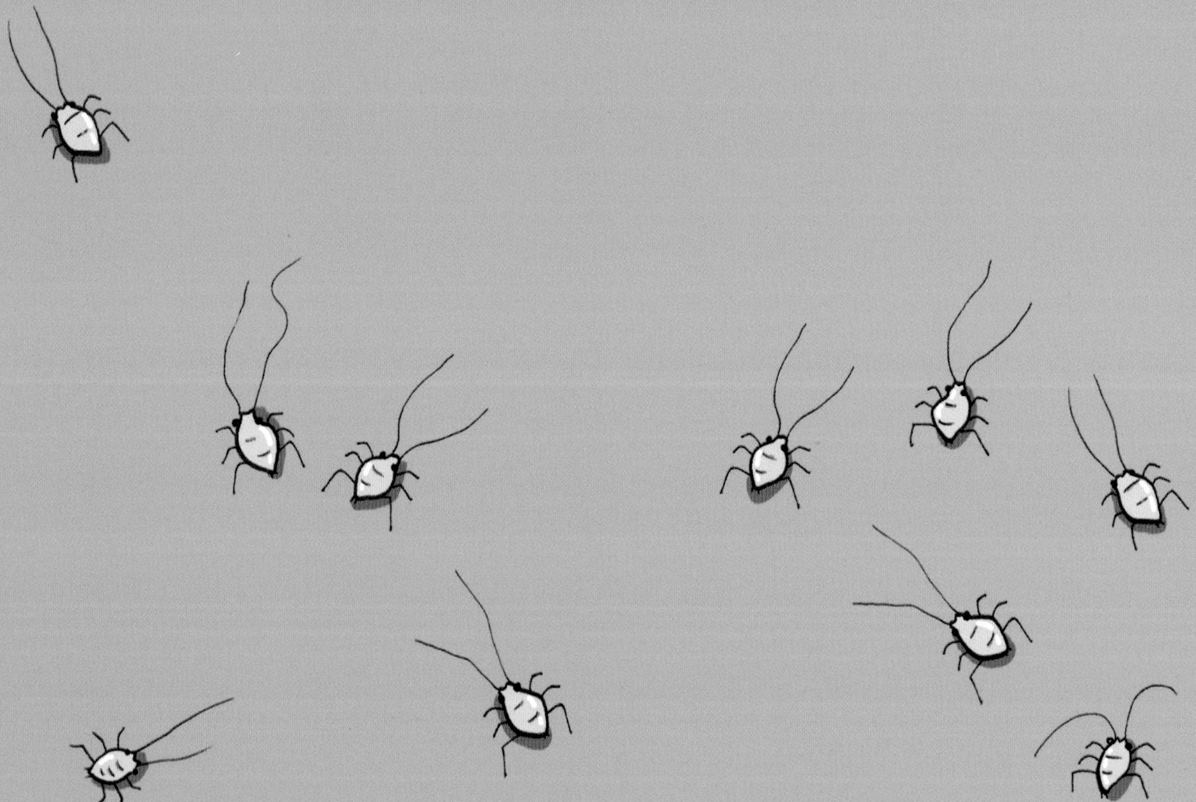

바로 무당벌레지. 무당벌레는 진딧물을 하루에 50마리는 너끈히 먹는대. 그리고 엄마 무당벌레는 진딧물이 가득한 나뭇잎 위에 알을 낳는다는군. 알에서 깨어난 배고픈 애벌레들이 꼬물꼬물 기어가서…

…진딧물을 배불리 먹을 수 있도록 말이야.

입에서 살살 녹는다, 녹아!

무슨 소리! 쥐는 뱀이 가장 좋아하는 음식이야.
뱀은 쥐를 씹지도 않고 통째로 삼켜 버린대.
그래서 방금 식사를 마친 뱀은 금세 티가 난다는군.
몸에 커다란 혹이 불룩 생기거든.

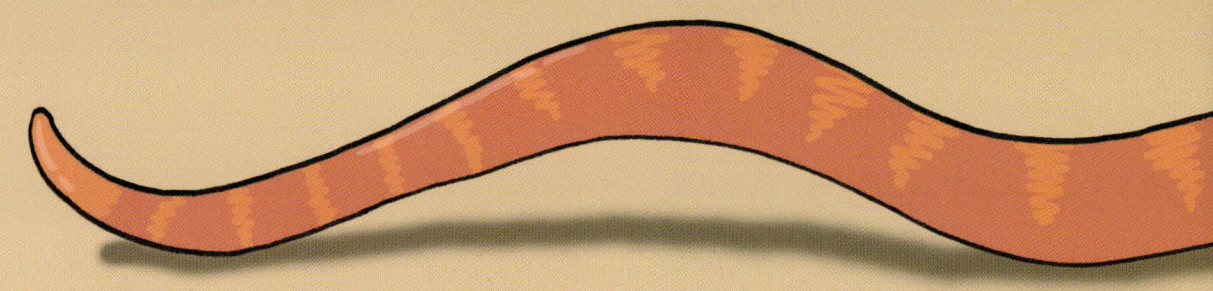

썩은 햄, 냄새나는 새우 껍질, 시큼해진 버터, 곰팡이 핀 빵.
에이, 도대체 이런 걸 누가 먹겠어?

바퀴벌레! 바퀴벌레는 무엇이든 다 먹어 치워.
바퀴벌레는 밤마다 먹을 것을 찾아 이곳저곳 기웃거린대.
먹다 남은 음식으로 가득 찬 쓰레기통을 발견하는 날은 잔칫날인 셈이지.

설마 이런 바퀴벌레를 먹는 동물은 없겠지?

그럴 리가! 도마뱀이 가장 좋아하는 간식이 바퀴벌레인걸.
너도 먹어 볼래?
얼마나 바삭바삭한지 한번 느껴 봐.

잠깐! 도마뱀은 겁이 나면 몸 크기를 두 배로 부풀린대요.

아무리 그래도 똥은 먹는 게 아니지!

무슨 소리, 당연히 똥도 먹지!
쇠똥구리가 똥을 얼마나 좋아하는데.
쇠똥구리는 똥을 공 모양으로 빚어서 집으로 가져간대.
쇠똥구리가 가족을 위해 얼마나 열심히 똥을 굴리는지
아무도 모를 거야.

잠깐! 가끔 운 나쁜 쇠똥구리는 집으로 돌아오는 길에 새를 만나기도 한대요. 새는 쇠똥구리를 즐겨 먹는다는군요.

그럼 물고기 눈알은?
이건 정말 징그럽지?

미끈거리는 물고기 눈알은 수달이 가장 좋아하는 음식이야.

그래, 물고기 눈알은 맛있다고 쳐.
그래도 이건 정말 아무도 안 먹을 거야.

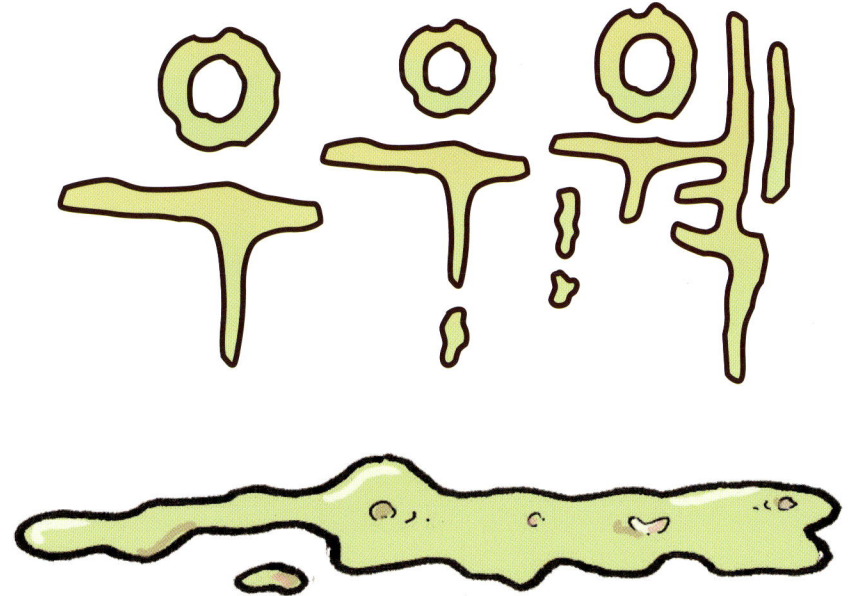

모르는 소리! 아기 늑대는 엄마 늑대가 토한 것만 먹어.
아기 늑대는 혼자서 사냥할 수 없기 때문에 엄마가 먹이를
먹고 토해 주면 그걸 맛있게 먹는대.
누가 토한 것을 먹는다는 걸 상상이나 할 수 있겠어?

잠깐! 늑대는 후각이 아주 발달해서 사슴이 아주 멀리서 뀐 방귀 냄새도 맡을 수 있대요.

그래 그래. 물고기 눈알, 남이 토한 것 그리고 똥…
다 먹을 수 있다고 쳐.
하지만 지렁이는 정말 아무도 안 먹을 거야.
이건 인정하지?

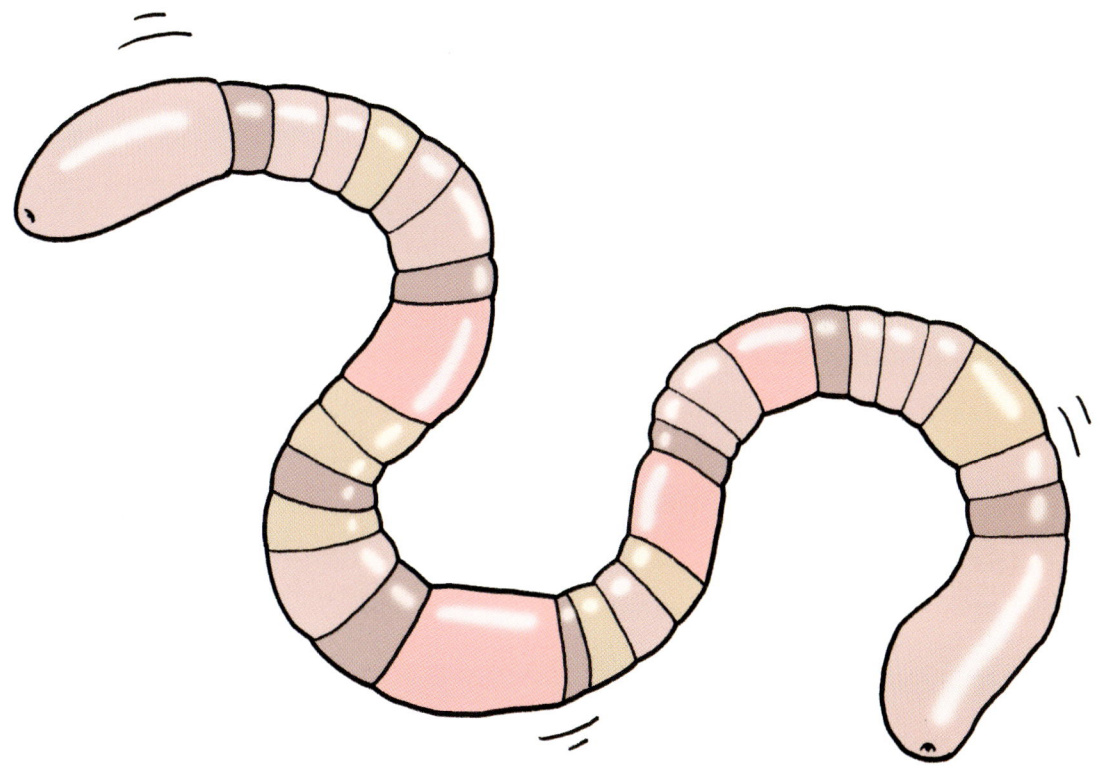

어머! 데이비드가 먹었구나!
데이비드는 유치원에서 지렁이를 삼킨 적이 있대.
그런데 맛있었을까?

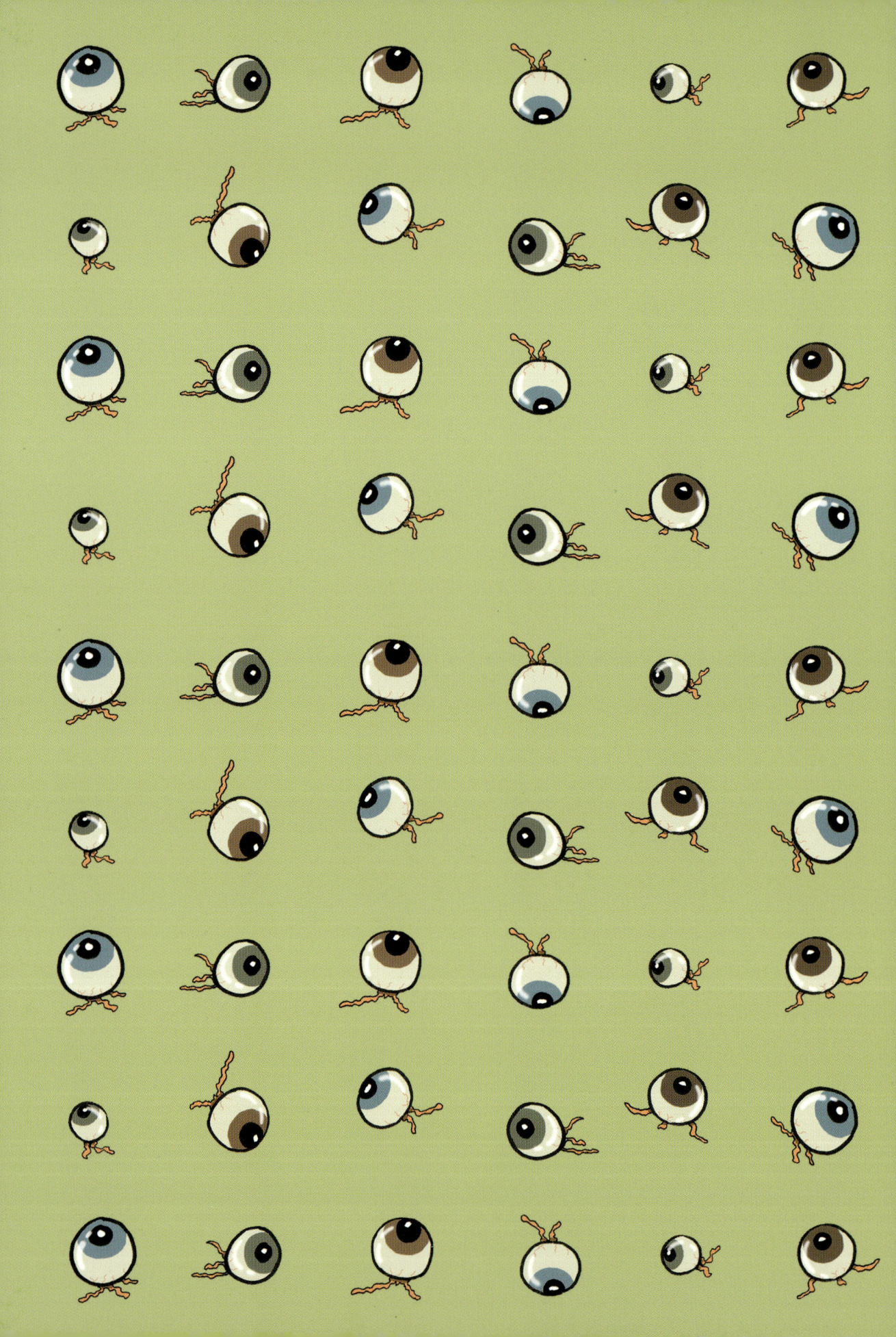